SV

»Ein Dichter«, schreibt Paul Valéry, »hat nicht die Aufgabe, den dichterischen Zustand zu empfinden; dies ist eine Privatangelegenheit. Er hat die Aufgabe, ihn bei anderen zu schaffen. Man erkennt den Dichter an der einfachen Tatsache, daß er den Leser in einen ›Inspirierten‹ verwandelt.« Und das Gedicht, das dies vermag, kommt nicht mit Pauken und Trompeten daher, kann nicht – es muß leise sein und dennoch eindringlich, still und dennoch intensiv. Es muß, im poetischen Sinne, »wahr« sein und damit einfach. Es muß »Einfache Dinge« sagen: »Einerlei geh ich / Zweierlei seh ich / Dreierlei leb ich / Viererlei freut mich am Tage. / Einerlei sag ich nicht / Zweierlei trag ich nicht / Dreierlei hab ich nicht / Viererlei schreckt mich zu Tode.« Elisabeth Borchers, von der hier, nach vielen Jahren, wieder ein neuer Gedichtband vorliegt, hat die Gabe, die Valéry beschreibt: mit wenigen Zeilen den dichterischen Zustand zu schaffen. In jedem ihrer Gedichte öffnet sich eine andere, eine neue Welt, in die man, von leichter Hand geführt, eintritt – staunend, erkennend. Das Schwere und das Schwerelose, das Schmerzliche und das Freudige. Das, was ist im Augenblick des Lebens. »Machen wir uns einen Reim« heißt einer der sechs Zyklen dieses Bandes. Machen wir uns einen Reim: auf die großen und kleinen Anlässe, darauf, daß es eine Nacht gibt und einen Tag. »Wir haben alles zu verlieren / den Tag, die Nacht.« Und alles zu gewinnen, indem wir ruhig sind, wissend und gefaßt. Ruhig, wissend und gefaßt wie die Verse von Elisabeth Borchers. »Glücklicherweise wohnt in gewissen Momenten gewisser Wesen irgendeine Kraft, die alle Dinge vereinfacht und alle unübersteigbaren Schwierigkeiten auf das Maß der menschlichen Kräfte reduziert.« So Paul Valéry. Das »gewisse Wesen« ist der Dichter, der Künder, der Magier. Und magisch ist *Wer lebt*. Elisabeth Borchers vereinfacht und bannt, verzaubert und löst die Rätsel – mit realistischer Magie, die das Persönliche und Private mit dem Öffentlichen, mit der Zeit konfrontiert. Mit der Zeit, die nicht stehenbleibt. »Die Tage der Commune / sind vorüber / und Rimbaud ist ein Dichter gewesen. / Vier Jahre lang. / Komm, gehn wir hinüber.« *Komm, gehn wir hinüber*. Es geht um Leben, um dieses, um jenes, um jedes, um unser Leben: Wir leben nur dieses eine Leben.

ELISABETH BORCHERS

WER LEBT

GEDICHTE

SUHRKAMP

1. Auflage 2018

Printed in Germany
Umschlag: hißmann, heilmann, hamburg
ISBN 978-3-518-24154-7

Für Clara

NOTIZEN AUF DEM LANDE

Notizen auf dem Lande

1

Lautlos decken die Dachdecker das Dach,
erfindet der Töpfer den Topf,
vor neunhundert Jahren starben
hier Kinder an Pest.
Lautlos steht es geschrieben.

2

Der Mann auf der Straße hat geseufzt.
Weil ich gerade Herrn Aghios Buch lese,
verstehe ich die Bewandtnis
und übernehme während ich weitergehe
Herrn Aghios Empfindung.

3

Der Tag dehnt sich
bis es Abend wird,
und erleichtert
sinkt er zurück.

4

Die Glocke schlägt
ruht aus
und schlägt und schlägt und schlägt.
Sieben Jahre noch
doch nicht mehr lang
und wir reden von einander
als seien wir gestern gewesen.

5

Einen Brief schreibe ich dir,
um ganz sicher zu sein,
daß wir nicht sterben, jetzt.
Um ganz sicher zu sein,
daß wir nicht sterben,
zeige ich dir die Krone aus Messing
über dem Zifferblatt
der bleichen Uhr.

6

In der Ferne herrscht Friede.
Das sanfte Licht
trägt ihn näher heran,
bis er am Widerstand,
der wir sind,
zerbricht.

7

Ich nehme die Pose
des Denkers ein:
Wenn ich heute nicht komme,
so komme ich morgen.
Sag es dir täglich,
morgen ist bald.

8

Wenn ich X lese,
werde ich schreiben. Was er schreibt
ist erreichbar für den, der sich
täuschen läßt über das noch nicht
Geschriebene.

9

Wenn ich Y lese,
lese ich Geschichten vom Baum
der Geschichten. Und lese, wohin
ich auch schaue, die Übersetzung
des Fremdwortes
Leben.

10

Wenn ich Z lese,
buchstabiere ich das Wort
Gedächtnis und staunend stürze
ich in die mich blendende
Verarmung.

11

Dieser Kopf
dieses Gehäuse
für Elemente
unzuverlässiger Art
für Glück und Schmerz
so ein Gesindel

12

Vergiß.
Hinter uns
in hellen Stücken
fällt bald schon
jenseits der Länder
und schönen Gewänder
der Schnee.

Von der Zeit

1

Du kommst und gehst
und ich erkenne nicht
gehörst du zu mir
oder bist du vergeblich
und falsch.

2

Bist du es
wenn die Dächer aus Schiefer
deutlicher werden und stark,
es droht ein erstes Gebell.

3

Wo bist du versteckt
aus Angst vor den Schlägen,
zuerst nur ein wenig
und dann halbtot.

4

Schöne Zeit
Gold und silbernes Geschirr,
es könnte sein,
wir vergäßen zu essen.

5

Zwei Tage
möchte ich besitzen.
Den einen für das Unumgängliche.
Den zweiten
für dich.
Aber was ist das.

6

Die Tage der Commune
sind vorüber
und Rimbaud ist ein Dichter gewesen.
Vier Jahre lang.
Komm, gehn wir hinüber.

7

Doch gegenwärtig bist du,
wenn der Zug die Stadt verläßt
auf Mailand zu.
Wenn sich alles bewegt,
stehst du still
und nennst mich
dein liebstes Kind.

Ein paar Dichter

Nach der Lektüre von Gedichten
in einer literarischen Zeitschrift

Der Damalige

Er ist wieder da.
Ein Rückfall in die Begabung
von gestern
und schreibt ein Gedicht.
Ich horche
nicht mehr wie damals
als uns die Jugend zunichte machte
und groß.

Der Alltägliche

Er kennt keine Blockaden.
Auch die Rasur ist ein Thema,
das Blut leuchtet
wie Woyzeck dem Büchner.
Nur schreibend bist du ein Dichter
nur so.
Mit einem Kopf der dich trennt
von dir und den anderen
im Schwindel
der die Stufe als Abgrund erkennt
daß dich schaudert.

Der Schweigsame

Kein Wort gelingt, schreibt er,
kein Wort.
Und schreibt und schreibt.
Das Schweigen, schreibt er,
ohne Antrieb, Zeit noch Gegenwart
und schreibt
daß es die Seiten schwärzt
bis zur Unlesbarkeit.
Du schöne Kunst,
bewundernd halt ich ein.

Die vielen Bücher

und ist ein langes Wort,
sagt Danton.
Da warteten sie.

Diese vielen Bücher, denke ich.
Heine und Benn
und Brecht.
Die vielen zuvor.
Die vielen danach.
Verweilen, Lieben,
Vergessen.

Und das Leben,
sagt Danton.
Da mußte er sterben.

Ich sehe die weite Landschaft *und*
das die Wärme
und Kälte umfassende Haus.

Jugend zum Beispiel.
Die scharfen Empfindungen
die inszenierten Entblößungen
das überhöhte Tempo des Gefühls
die Starre
die Berechenbarkeit der Magie
Jedwede Äußerung der Sterne
der Sonne himmlisches Geblüt
das grünende Tal
und das ewig sich fortschreibende
immer zu kurz kommende Gedicht.

MACHEN WIR UNS EINEN REIM

Ein gereimtes Gedicht ist schöner als keins.
Nimm deinen Lauf.
Ich nehme die Folgen in Kauf
und ziehe die Konsequenz
bis ins Unendliche.
Das ist fern.

Oh diese Sterne.

Sie treiben mich aus meinem Plan.
Ein einziger hätte genügt
und meine Pflicht getan.

Machen wir uns einen Reim

Wie schön kann er sein
(doch ein m ist noch lange kein n).
Wie schön flatterhaft
steht er zwischen Tür und Angel.

Er kann in der Zukunft lesen
als sei sie gewesen.
Nach dem Gewicht fragt er nicht.
Wer weiß, daß er gebraucht wird
hält aus. Als Schaf oder Hirt.

Vom Zuckerbrot zum Liebestod ist nur
ein Schritt. Komm, geh doch mit.
Wird mir nicht bang bei so viel Gewalt?
Mir wird alt. Gedankenstrich
Geh. Laß mich im Stich.

Ein Gedicht am Morgen
zwei Hände voll Sorgen
wie stabil wäre das.
Das wäre, zu zweit,
ein Stück Ewigkeit.

Auch am Abend wär es mir recht.
Wer die Qual hat, hat die Wahl.
Statt dessen geschieht
ein Mord.
Dort, schau doch hin.
Und schon erfüllen mich
Ruhe und Eintracht
zur Nacht.

SCHON WIEDER KEINE ZEILE geschrieben,
mein Herr. Schon wieder dieses Geplärr
wer ist erkoren
wer gibt sich verloren?
Das Leben mißt sich
an Produktivität.
Zu spät. Spricht der Herr.
Wer erntet, der sät.
Und der Knecht, wie überall
siehe, er geht auch hier in den Stall.

Es lebe die Not. Wer sie hat
ist noch lange nicht tot.

Zünd das Licht an im Verstand.
Nur so überlebst du
vom Mund
in die Hand.

KONDOLATIONEN

Bericht über Horst K. oder Die Besserung des Menschen

1

Aufgewachsen ohne Mutter,
der Vater ein Trinker.
Mit vierzehn, mit sechzehn,
dann Einweisung ins Heim.
Mit zwanzig ein drittes Mal.
Fünfzehn Jahre insgesamt,
kleine Delikte: das Eigentum anderer.
Nicht etwa Picasso
oder ein Gang durch die Bank.
Fahrrad, Aktentasche,
ein schlecht sitzender Mantel
doch warm.
Rückfälle: Zechprellerei.

Nun aber Schluß, lieber Freund,
nun aber geht's aufwärts,
sanft und guten Willens
in ein fröhliches Leben.
Herzlichen Glückwunsch,
der Platz an der Sonne
ist frei.

2

Einbruch in ein leerstehendes Haus,
Verzehr von Konserven, Benutzung eines Betts.
Das war kürzlich.

Der Winter ist hart.
Und schon wieder
sitzt er im Warmen.
Sie erinnern sich.
Es war in der Zeitung zu lesen.
Wir sind überfordert
und härten uns ab.

3

Nach der Entlassung
nun endlich der bessere Mensch.
In der letzten Nacht des Jahres
nahm er Zuflucht,
legte sich in den Wald und erfror.
Es war in der Zeitung zu lesen.
Der Engel, mit dem er den Wald verließ
bleibt unerwähnt.

Der Hirtenknabe von Lenbach

1

Mein Bild, das nie mir gehörte,
hing im Studierzimmer meines Onkels
unweit des leicht angehobenen Kopfteils
einer Liege zu Ruhezwecken,
so daß sich der Ruhende
ein Bild machen mußte.

Während der Onkel studierte,
betrachtete ich liegend
die schmutzigen Füße des Knaben
auch die unordentliche Kleidung
mit Befremden
und mein reinliches Kleid.
Ich prüfte die unbewegliche Hand
über den Augen.
Darüber wurde es blau
und ich fürchtete mich.

2

Nach Jahrzehnten sehe ich ihn wieder.
Das war gestern, unerwartet,
das blieb von einem alten Pfarrhaus,
überm Kirschbaumsekretär.

Der Knabe heil ganz ohne Riß.
Der Knabe der da hat gesiegt.
Der Knabe überlebt.

Und über ihm und immer noch
der antwortlos vom Blau
verstellte Himmel.

Der Augenblick

Der Augenblick
verweilt
wie lang
das Schwarz wird Licht
die neue Jahreszeit
die Jahre gehn
siehst du denn nicht
sie sterben
alle.

Der Augenblick
ist schon vorüber,
ein Menschenalter
goldne Zeit.
Ich übe Disziplin
und leugne jeden Schmerz.
Du weißt, wovon ich rede.

Grablied

Rosen rot und Veilchen
ein Weilchen
du weißt ja
bist du schon tot
daß die Bäume
zu Häupten, zu Füßen
alt werden wie Wald.
Vom schönen Fleisch
ist geblieben was blinkt.
Knochen allüberall.

An diesem Tag im Frühling
Sommer Herbst und Winter.

Der Tod eines Mädchens

Infarkt, Thrombose, Embolie
welche Worte
für ein Mädchen schmal
wie ein Kind und wie neu.

Ruh dich aus
oder willst du hinaus?
Es will Abend werden und Frühling.
Die Stadt ist weit und eng.
In den Kolonnaden hängen
die bläulichen Wolken
betriebsamer Autos.
Das sticht in die Schläfen
ein wenig und fein.
Der Scirocco ergreift dir
das Herz.
Kommst du hinaus
oder bist du zu müd
und willst sterben.
Dann bleib ich, bleib ich
bei dir.

Stillstand

Ich stehe still und horche,
ob ich weitergehe und
weitergehend finde, was
sich wünschen ließe.
Und sei's ein Wort.
Zum Beispiel eines,
das den Zauber riefe
als wär's verbrieft. Als sei
aus Gold auf Stein ein Grab
verschrieben, das Beide
nun verriete. Wo Beide
tun, als ob sie schliefen,
die doch vor langer Zeit
den Ort verließen, der
möchte, daß sie sich
entschließen,
still zu stehn.

Um Mitternacht

Hat alles begonnen.
War fein ersonnen.

Ist vorübergegangen.
Hat neu angefangen.
Ist wieder vergangen.

Und immer so fort.
So steht es geschrieben.
Nichts ist geblieben.

Zur zwölften Stunde
tritt die Kunde
hervor, schreitet durchs Tor
und hinüber.
Die Augen gehen dir über.

Ein Grund zu erbleichen.
Zum Steinerweichen.
Bleich wie der Mond.

VON ANDEREN BEDENKLICHEN ANLÄSSEN

Möglichkeiten

Ein kleiner Wink nur
und schon fällt vom Hals
ohne die Spur eines Zögerns
der Kopf.

Oder er steigt
der Mensch mit dem Kopf
höher, sehr hoch
im Flug.

Oder er sinkt ins Verlies
verlassen vom Geist,
verwaist.

So ist es wahr,
uns wird ein Haar
gekrümmt werden auf Erden.

Reden wir nicht mehr von Landschaft.
Reden wir vom fein kalkulierten Netz
der Längen- und Breitengrade
von den bläulichen Ozeanen
und den hellen Flecken der Kontinente.
Reden wir von den berührbaren Polen
einer sanft rotierenden Kugel
von der gefahrlosen Dürre der Wüsten
dem verläßlichen Grün der Wildnisse
dem Geraschel von Tier und Mensch
und von den punktgenauen Städten.
Betreten wir demnächst und entledigt
die Milchstraße. Der Ausweg
für die unbelehrbaren Metaphern.

Traum

Der Berg zerbricht.
Das Licht ersticht
die Erhabenen.
Und die weniger Erhabenen
fallen ins Knie
wie nie zuvor.

Vorüber der Plunder von Jahr und Tag,
die sieben Freuden, die Plagen.
Hab ich geträumt.

Verweigerung der Aussage

Später, viel später
wenn der Täter alt geworden ist
und das Opfer vergeßlich
wie ein Sieb

werde ich mich
zu erinnern suchen
und fluchen weil
das Gedächtnis nichts hält.

Später, viel später
werde ich zu Protokoll geben
was ich nicht weiß.

Utopie

Es freut mich die Übermacht der Vokale.
Schreckensrufe könnten es sein.
Oder im trüben Gewässer ein glasklarer Schein,
der blinkt und sinkt.
So tief kann ein Grund doch nicht sein,
daß wir ihn nicht fänden
gebunden an Füßen und Händen.

Erinnerung

Von all den Heerscharen
ist uns der Eine geblieben.
Mit seinem Schwert
von siebenfacher Perfektion
wird er uns jagen.
Noch einmal schöpfen wir Atem
wie in Kindertagen.

Protokoll

Am Abend des 25. gegen 23 Uhr
sehe ich an der Küchenwand
zwischen Delfter und Thymian
grundlos stehe ich da
um das Licht zu löschen
eine gerahmte Fotografie.

Sie zeigt zwei Kinder
seit dreißig Jahren
mit gehorsam gescheiteltem Haar
geordnetem Kragen
und einem Lächeln
in Erwartung des Augenblicks
an dem ich es wahrnehmen werde.

Falsches Lied

In einem stillen Grunde,
da ging ein Mühlenrad.
Der Müller ist verschwunden,
der dort gemahlen hat.

Da wollt der Bach nicht fließen,
der Wind wollt nicht mehr gehn,
das Korn wollt nicht mehr sprießen.
So blieb das Mühlrad stehn.

Im Hause ist es dunkel,
doch niemand mehr macht Licht.
Nur noch die Mäuse suchen
nach Korn und finden's nicht.

An ein Kind

Wenn wir lange genug warten,
dann wird es kommen.
Heute noch, fragt das Kind.
Heut oder morgen. Ein Schiff,
mußt du wissen, braucht Zeit.
So weit und breit wie das Meer.
Dann bist du groß.
Dann steigen wir ein
und machen die Reise.
Zusammen. Wir beide.
Und jeder auf seine Weise.

VOM ÖFFNEN DES FENSTERS

Morgens

1

Frühmorgens sehe ich
ich wollte vorübergehen
im Fenster die Kastanie voll Licht.
Dies ist der Frühling,
denke ich,
und gehe zur Arbeit.
Sie ist freundlich
und erlaubt mir
Gedichte über den Frühling zu lesen.

2

Ich öffne das Fenster
im nächtlichen Morgen
und sehe
auf das Licht der Sterne
antworten Laternen.
In Reihen die Autos
wie schlafende Tiere.
Und gegenüber
wo die Männer ein- und ausgehn,
brennt bei den Frauen
Licht.

Liebes Land

Denk
Einmal nach, sagte ich mir.
Und ich denke:
Tag und Nacht bist du nur halb
So viel wert, sieh das
Chaos deiner Kehrseiten
Hektisch, gründlich und
Leitfähig bist du.
Angst wurde dir
Nie, auch nicht vor
Dir selbst.

Billionenfache Vergrösserung

Der Hut meiner Mutter
ist nur ein kleiner Hut,
in einem Blau, das die Farbe Lila
eben erfindet, aus feinstem Stroh,
den Flechtkünsten der Jahrhunderte.

Der von der Berührung des Sommers lebt,
der Hut meiner Mutter,
ist nicht mehr auffindbar.

Der Verlust nimmt Ausmaße an
daß sich die Zeiten verfinstern.
Nicht inbegriffen
der Rest dieser Welt.

Pausenzeichen

Wie beruhigend
wieder und wieder
neue Beweise zu erhalten
von der Unerschöpflichkeit
der Beweisenden:
so daß du entbunden bist
von den Tugenden derjenigen
die den Frieden erhalten
wie ein verendendes Masttier.
Die Beispiele bieten sich an.
Wir nennen sie alle beim Namen,
wie die Wolken da oben, umflutet vom Blau
über den grünlichen Höhen
der Vogesen bis es Nacht wird.
Ja, Nacht.

Bericht vom Ende der Belagerung einer Person

Im Augenblick äußerster Not
greife ich zu den Waffen.

Ich bedrohe die mich Bedrohenden
Ich lasse im Stich die mich im Stich Lassenden
Ich kündige den Notdürftigen
Ich trenne das Wort ab von den Rednern
Ich hinterlasse die Halbheiten
und die Mitleidenschaften
Ich setze mich ab von der Berechenbarkeit der Tage
und der Unberechenbarkeit.
Ich bereite dem Ende ein Ende.

Ich beginne den Anfang vom Anfang
Ich ordne die Giebel des Dachs
und ich ordne die Zeiger der Uhr
und verwildere die Zweige des Herzens
und stehe auf.
Auf Befehl des allerhöchsten Ich.

WER LEBT

Alter jüdischer Friedhof im Mai

Wer lebt hier
Ich höre vereinzelt Gesang
und den Sprung des Eichhorns hinab.

Wer ist hier der Herr
Aufrecht horchen die Steine.

Wer wirft das Kleid
Es fällt der Schatten von Bäumen
Es fällt das Licht aus der Hand.

Wer geht durch das Gras
Sieh doch. Die Stille.

Der Olivenbaum im Garten Gethsemane

Vor zweitausend Jahren schon,
heißt es, hat er gesehn,
war er, was war denn,
so sag doch, wach auf.

Dunkler Winkel deines Gartens
Festung deines Herrn
Vorhof seiner Gegenwart

Nach zweitausend Jahren noch
ein grünes Blatt das wacht.
Ein Schein ein Licht ein Leuchten
ein Morgen- und ein Abendmal.

Alte Uhr

Es öffnet sich der Kreis
und schließt.
Ein Spiel mit Zeigern
eins bis zwölf
nicht eine fehlt.
Wo ist die Stunde der Metapher.

Wie Samt glänzt das Gehäuse.
Wie Samt der Weg
der ganz nach innen führt.
Dem Herzschlag treu
steht sie dort unerreichbar
still.

Einfache Dinge

Einerlei geh ich
Zweierlei seh ich
Dreierlei leb ich
Viererlei freut mich am Tage

Einerlei sag ich nicht
Zweierlei trag ich nicht
Dreierlei hab ich nicht
Viererlei schreckt mich zu Tode

Beständige Dinge

Des Goldschmieds Gold, das nicht verkommt
Des Malers Bild aus Kunst gemacht
Die Logik des Lichts am Ende des Tunnels.

Die Mauern sind hart ehe sie fallen
Das Haus steht fest ehe es stürzt

Was soll ich mehr sagen
Die Zeit ist kurz.

Erinnerung an Arp

Ach, aber ach, sagt Paul Klee
schließt ein Auge
und grämt sich.
Denkt er an *Lieschen*
als es noch klein war,
an *Traumhaftes*,
an den *zukünftigen Feind*.

Ach, sage ich, wer kann
es denn wissen. Ich denke
an Arp und den Bahnsteig
zu Frankfurt. Es schlagen
die Türen und Fenster.

Ach, aber ach. Ins Sichtbare
weißt du
kommt keiner zurück.

Ordnung

So hoch die Nacht überm Tag
So fern der Abend vom Morgen
Licht, Blume, Busch, Baum etc.
Das ist der Geheimbund
Das ist die Ordnung

DAS LICHT gib uns heute
und vergib uns die Müdigkeit
wenn der Herbst leuchtet
und die Taubheit
wenn uns das Hören vergeht
und die Blindheit
wenn uns ein Sehender streift
und die Lähmung
wenn wir begabt sind zu gehen
und die Trübung
wenn es an Fröhlichkeit nicht mangelt
und die Leere
wenn wir nicht wissen wer wir sind
und die Verzagtheit
wenn wir den Mut nicht achten.
Wenn die Stimme schwach wird
wer hört dann aufs Wort.

Wanderungen

Wir, unser schwerstes Gepäck,
verlassen die Zone des Regens
und gehen hinauf auf den Berg der Sonne.
Er ist sehr herrlich.

Und wir, unser schwerstes Gepäck,
verlassen den Berg der Sonne
und kehren zurück in die Zone des Regens.
Das ist beschwerlich.

Herbst

Wie die Kirchtürme zittern im Licht
wir werden es nicht überleben.
Wie wir uns täuschen lassen
vom Licht, das die Türme bewegt.

Die 7 Stationen eines langen künstlich beleuchteten Gangs

Vom Bewußtsein schwindender
Natürlichkeit
Vom eiszeitlichen Gefälle
eines Lufthauchs
Vom Schmerz, der den Knochen
erhellt
Vom Schlagen kahlgefrorener
Flügel
Vom heimlichen Entgleisen
eines Augenpaars
Vom dunklen höchstrichterlichen
Stuhl
Noch hör' ich die Glocke nicht läuten.

Trauerbänder

Als sie gegangen war
es war nach der achten Stunde
unter den Schnee

ist geblieben die Welt
wie sie ist.

Die Kränze haben sich
lange gehalten in der Kälte
die nicht gehen will
wenn Frühling wird.

Wir kehren immer aufs neue zurück
wer aber käme noch heim.

Ich betrete nicht den Festsaal der Sätze
die Gemächer der vor Grazie
                    sich biegenden Nebensätze
die würdigen Hügel des Partizips.
Ich überlasse mich nicht
                    den geschmeidigen Perioden
dem rauschhaften Absturz
den komödiantischen Untiefen.
Ich verweigere den Müßiggang der Addition
das Manöver der Unklarheit
die Dämmerung der Klarheit.
Ich stimme nicht an das Lied zur Verführung
                    der minderjährigen Ewigkeit.
Ich lehne ab das Plagiat der Klage des Windes
                    und des Flächenbrandes.
Ich bediene mich der Notdürftigkeit:
Sie ist gestorben
verdorben
und verfalle der irdischen Einfalt
dem Trost des himmlischen Fests.

Kein Wort fällt tief
und keines das den Lerchen gleicht
Kein Leuchten
Keine Langsamkeit
Kein Atem
Kein Wohin
Die Nacht kein Jubel und
ein Trauerband dem Tag

Kaleidoskop

Sonne Mond und Stern.
Zeig her. Die Brocken
machen Weltgeschichte.
Laß sehn, was unsre
Horizonte täglich
übersteigt.

Schön dreht sich mir
das Rad. Das Auge glüht.
Wie sich's verzweigt.
Gib her die Mitte
dieser Pracht.
Wir haben alles
zu verlieren.
Den Tag, die Nacht.

Was alles braucht's zum Paradies

Ein Warten ein Garten
eine Mauer darum
ein Tor mit viel Schloß und Riegel
ein Schwert eine Schneide aus Morgenlicht
ein Rauschen aus Blättern und Bächen
ein Flöten ein Harfen ein Zirpen
ein Schnauben (von lieblicher Art)
Arzneien aus Balsam und Düften
viel Immergrün und Nimmerschwarz
kein Plagen Klagen Hoffen
kein Ja kein Nein kein Widerspruch
ein Freudenlaut
ein allerlei Wiegen und Wogen
das Spielzeug eine Acht aus Gold
ein Heute und kein Morgen
der Zeitvertreib das Wunder
das Testament aus warmem Schnee
wer kommt wer ginge wieder
Wir werden es erfragen.

INHALT

NOTIZEN AUF DEM LANDE

MACHEN WIR UNS EINEN REIM

KONDOLATIONEN

VON ANDEREN BEDENKLICHEN ANLÄSSEN

Suhrkamp Verlag GmbH
Torstraße 44, 10119 Berlin
info@suhrkamp.de
www.suhrkamp.de